MARIE SCHLEGEL

ZWISCHEN MIR

Eine stille Reise zu dem,
was nie wirklich weg war.

Bibliografische Information der Deutschen
Nationalbibliothek:
Die Deutsche Nationalbibliothek verzeichnet diese
Publikation in der Deutschen Nationalbibliografie;
detaillierte bibliografische Daten sind im Internet über
http://dnb.dnb.de abrufbar.

Text: Marie Schlegel
Korrektorat: Claudia Schäfer
Covergestaltung: Marie Schlegel

Verlag: BoD · Books on Demand GmbH,
Überseering 33, 22297 Hamburg, bod@bod.de
Druck: Libri Plureos GmbH,
Friedensallee 273, 22763 Hamburg

ISBN: 978-3-8192-2674-8

DIESES BUCH IST KEIN ZIEL.

ES IST (D)EIN RAUM.

FÜR
MEINE
TOCHTER,

die mich täglich lehrt,
die Welt mit staunenden Augen zu sehen.

Deine Unschuld und Neugier erinnern mich
daran, dass der Weg zu uns selbst ein
Abenteuer ist,
das wir mit Liebe und Mut beschreiten.
Du hast mir mehr beigebracht über Liebe,
als jedes Buch es je könnte.

Durch dich lernte ich,
was es heißt, sanft mit sich zu sein.
Was es heißt, Frieden in sich zu finden
- nicht trotz der Welt,
sondern in ihr.

Du warst nicht nur Grund,
sondern Wegweiser.
Nicht nur Kind,
sondern Spiegel.

Danke,
dass du da bist.
Du bist mein leises Warum.

Dieses Buch ist für dich.
Möge es dich auf deinen eigenen Reisen
begleiten und dir stets zeigen,
dass du in dir selbst alles findest,
was du brauchst.

In ewiger Liebe,
deine Mama

Inhalt

DER ANFANG DER REISE
- DER RUF DER STILLE

„Manchmal braucht es nur einen Atemzug, um zurückzukehren - dorthin, wo das Leben wirklich lebt."

- Marie Schlegel

Fremd geworden

Ich war so beschäftigt
mit Werden
mit Weiter
mit Außen,
dass ich mich irgendwann
nicht mehr erkannte.

Meine Stimme klang wie jemand,
den ich mal kannte.
Und die Stille fühlte sich fremd an.
Weil ich mir fremd geworden war.

Also blieb ich stehen.
Nicht um zu warten,
sondern um zuzuhören,
ob da noch etwas lebt
unter all dem Müssen.

Wimpernflackern

Ich vergesse zu atmen,
wenn der Tag mich drängt
und die Welt mir ihre
To-do-Listen unter die Haut schreibt.

Dann streichelt mich
ein Sonnenstrahl
über das geschlossene Augenlid -
und ich erinnere mich:
Ich bin da.

Ich bin.
Das reicht.

Mitten in der Stille

Die Stille sagt nichts,
aber sie erzählt mir alles.

Sie flüstert mir
zwischen den Geräuschen
des Kühlschranks,
zwischen zwei Atemzügen
meiner eigenen Rastlosigkeit.

Ich höre mich
zum ersten Mal
wirklich.

Da ist ein Knacken in der Wand,
ein leises Seufzen im Boden.
Und mittendrin mein Herz,
das langsamer schlägt,
wenn ich endlich still genug bin,
um es zu hören.

Die Stille ist nicht leer.
Sie ist voll von mir.
Und in ihr entsteht
etwas Neues.

Dazwischen

Es gibt eine Stelle
zwischen Gedanken.
Kein Wort.
Kein Wunsch.
Nur Weite.

Ich fand sie,
als ich aufhörte
zu erklären,
zu planen,
zu rechtfertigen.

Dort war nichts -
aber nicht leer.
Sondern offen.
Still.
Weich.
Wie ein Fenster
ohne Glas.

Vielleicht ist genau da
mein Anfang.
Nicht am Ziel.
Nicht beim Neustart.
Sondern im Dazwischen.

Ich gehe los, ohne zu wissen wohin

Ich habe lange gewartet,
dass jemand mir ein Zeichen gibt.
Ein Schild.
Ein „Hier lang".
Ein sicherer Weg.

Aber es kam nur Stille.
Und in ihr -
mein eigener Atem.
Unaufgeregt.
Unbeantwortet.
Da.

Ich habe Angst.
Nicht vor dem Weg.
Sondern vor dem
Nichtwissen.
Vor dem ersten Schritt,
der nichts verspricht,
außer sich selbst.

Und doch gehe ich los.
Nicht mutig.
Nicht entschlossen.
Sondern vorsichtig.
Langsam.

Mit bebenden Füßen
und einer Hoffnung,
die kein Ziel braucht.

Ich trage keine Karte bei mir.
Aber vielleicht
bin ich selbst der Weg.
Und jeder Schritt
eine Erinnerung daran,
dass ich nicht
ankommen muss,
um zu gehen.

Sekundenatem

Wie viele Atemzüge
verpasste ich schon,
weil ich dachte,
ich müsste
irgendwohin?

Dabei ist jeder Atemzug
ein stiller Beweis,
dass ich schon
angekommen bin.

Der Wind weiß nichts von Plänen.
Die Wolken brauchen keine Uhr.
Die Vögel kennen keine Termine.
Und mein Herz?
Es schlägt.
Nicht weil es muss,
sondern weil es darf.

Ich atme.
Mehr braucht es nicht.

Das Jetzt hat keine Eile

Das Jetzt
schleicht nicht
und rennt nicht.

Es sitzt auf der Fensterbank,
nagt an einem Apfel
und wartet,
bis du dich zu ihm setzt.

Hautnah

Der Moment
streift meine Haut
wie frischer Wind nach Regen.

Und ich spüre:
Ich bin nicht nur in der Zeit,
die Zeit ist auch in mir.
Ein Fluss,
der nicht drängt,
sondern trägt.

Ich falle in mich

Kein Plan,
kein Ziel.

Nur ich,
zwischen dem Puls meines Herzens
und dem Rascheln der Gardine.

Ich falle nicht
in ein Loch,
sondern in mich.
Und dort ist es
erstaunlich weich.

Kein Abgrund.
Kein Echo.
Nur dieser warme Raum,
den ich vergessen hatte.

Vielleicht war er immer da -
wartend,
leise und geduldig.

Ein Teil von mir,
den ich endlich
wieder umarme.

Raum zwischen Gedanken

Zwischen zwei Gedanken
liegt eine Tür.

Ich übersehe sie zu oft.

Heute bleibe ich stehen,
berühre die Klinke,
trete ein und finde
nichts außer Frieden.

Das Jetzt als Zuhause

Ich dachte immer,
ich müsste
irgendwohin.

Aber das Jetzt
hat mir die Schuhe ausgezogen,
mir Tee gemacht,
und gesagt:
„Bleib. Hier wohnt dein Herz."

Es legt mir eine Decke
über die Schultern
und streicht mir sanft
die Sorgen aus der Stirn.

Ich atme,
und das Jetzt atmet mit.
Kein Widerstand.
Nur Annahme.

Das Jetzt ist kein Ort.
Es ist ein Zustand
von echtem
Zuhause-Sein.

REFLEXIONSRUNDE

Dem Moment begegnen

Achtsamkeit & Atem

* Wann merke ich, dass mein Atem flacher wird und was sagt das über mein Innenleben?

* Wie fühlt es sich an, wenn ich ganz bewusst atme ohne Absicht, ohne Ziel?

* Welche kleinen Alltagsmomente könnte ich mit mehr Achtsamkeit würdigen?

* Was verändert sich in mir, wenn ich nicht „reagiere", sondern nur „bin"?

* In welchen Situationen vergesse ich mich selbst und wie kann ich anschließend sanft zurückkommen?

Stille & Innenraum

* Wo finde ich in meinem Leben stille Räume
  - innen wie außen?

* Habe ich Angst vor innerer Leere?
  Oder darf sie auch einfach nur sein?

* Was erzählt mir mein Körper,
  wenn ich ganz still werde?

* Welche Worte tauchen in mir auf,
  wenn der Lärm verstummt?

Präsenz & Jetzt als Zuhause

* Wie oft warte ich auf „den richtigen Moment"
und übersehe das Jetzt?

* Was hält mich davon ab,
mich im Hier & Jetzt sicher zu fühlen?

* Was bedeutet für mich *Ankommen*
- körperlich, seelisch, geistig?

* Wann habe ich das Gefühl,
bei mir zu Hause zu sein egal wo ich bin?

* Welche inneren Stimmen darf ich loslassen,
um mehr *im Moment* zu leben?

Notizen / Gedanken

ÜBUNGEN

Dem Moment begegnen

Mikromoment der Präsenz

Nimm dir heute drei kleine Pausen
- je 1 Minute reicht.

Schließe die Augen.
Lege eine Hand auf dein Herz oder deinen Bauch.
Spüre nur deinen Atem.
Kein Müssen. Kein Ziel. Nur Sein.

Und wenn du willst, flüstere dir zu:
„Ich bin hier. Ich bin jetzt. Und das genügt."

Das Jetzt sehen

Heute geht es nicht ums Spüren.
Sondern ums Hinsehen mit deinen Augen,
weit offen.

Setz dich an einen Ort (z. B. ans Fenster,
in den Park, auf den Balkon…).
Schau.
Nur das.
Kein Handy, kein Ziel.

Nimm 5 Dinge wahr, die dir sonst entgehen:
Das Zittern eines Blattes.
Der Lichtreflex auf einem Stein.
Die Bewegung einer Wolke.

Sag innerlich bei jedem:
„Ich sehe dich. Und ich bin hier."

Dann blinzele einmal bewusst.
Und kehr zurück - weicher, wacher.

IM SPIEGEL DER SEELE - DIE MASKE FALLEN LASSEN

„Wer den Mut hat hinzuschauen, begegnet nicht dem Dunkel - sondern sich selbst im Licht dahinter."

-Marie Schlegel

Ich und Ich

Ich stand vor meinem Spiegelbild
und wusste nicht,
wer da schaut.
Zu viele Rollen.
Zu viele Namen.
Zu viel Lächeln,
das nicht von innen kam.

Ich fragte mich:
Bin ich die,
die ich geworden bin -
oder nur eine Sammlung
von Erwartungen?

Dann schloss ich die Augen
und hörte ein Flüstern.
Zart.
Vertraut.
Aus einer Ecke,
in die ich lange
nicht geschaut hatte.

„Ich bin noch hier",
flüsterte es.
Und es war
mein erstes Ich.

Mein stilles,
nicht angepasstes,
nicht erklärbares Ich.

Das Ich,
das keine Bühne braucht.
Nur Raum.

Die Maske fiel leise

Ich riss die Maske nicht ab.
Sie fiel.

Ganz von allein.

In einem Moment,
in dem ich zu müde war,
weiter stark zu sein.

Ohne Zögern sah ich mich:
verkrümmt, verletzlich, verwirrt
und gleichzeitig endlich
wirklich.

Zwischenwelten

Es gibt Orte in mir,
die tragen kein Licht
und kein Wort.
Dort liegt
nur Gefühl -
ungeordnet,
roh,
ungefiltert.

Ich nenne sie
meine Zwischenwelten.
Dort wohne ich,
wenn mich niemand sieht.

Und manchmal,
wenn ich mich selbst
lange genug anschaue,
finde ich dort
die Wahrheit
unter den Trümmern
meiner Geschichten.

Schattenkinder

Ich erlaubte mir nie,
dunkel zu sein.

Immer hell,
immer lächelnd,
immer Licht.

Doch da sind Stimmen in mir,
klein, zitternd und lautlos schreiend.
Sie heißen:
Wut, Neid, Scham & Schmerz.

Ich habe sie weggesperrt
in innere Keller,
zugeschlossen und ignoriert.

Heute habe ich die Tür geöffnet.
Nur einen Spalt.
Sie saßen dort.
Nicht böse,
nicht hässlich,
nur vergessen.

Und dann wurde mir klar,
dass auch sie zu mir gehören.
Sie sind meine Schattenkinder.

Ich will ihnen zuhören.

Nicht um sie zu besiegen.

Sondern um sie

nach Hause zu holen.

Ich bin mehr als mein Schmerz

Mein Schmerz hat einen Namen.
Ich verschwieg ihn jahrelang.
Doch er wohnt in mir.
Nicht als Feind,
sondern als Teil
meiner Geschichte.

Ich schaute ihn an.
Direkt.
Ohne Filter.
Und er brüllte nicht,
schlug nicht.
Er weinte.

Ich hielt ihn wie ein Kind,
das zu lange allein war.

Und in diesem Halten
veränderte sich etwas.

Der Schmerz
war nicht fort.
Aber er hörte auf,
mich zu beherrschen.

Ich bin mehr.

Mehr als mein Schmerz.

Mehr als meine Angst.

Mehr als das,

was man mir angetan hat.

Wahrheit kratzt

Wahrheit ist kein goldener Schleier.
Sie ist rau.
Kratzig.
Kalt.

Und doch legt sie sich
wie Balsam
auf meine aufgeschürfte Seele,
wenn ich mich traue,
sie zuzulassen.

Innenleben

Ich bin ein ganzer Ozean
unter einem stillen Gesicht.
Meine Gedanken: *Wellen.*
Meine Sehnsucht: *Tiefe.*
Meine Vergangenheit: *Sand auf dem Grund.*

Ich beginne zu tauchen
in mein Innenleben -
nicht um etwas zu suchen,
sondern um endlich
zu sein.

Der Mut, mich zu sehen

Ich hörte so viel von:
Selbstliebe.
Selbstannahme.
Selbstwert.
Doch was ist mit
Selbstbegegnung?

Ich meine diese Art von Mut,
mich wirklich zu sehen –
ohne Glanz,
ohne Spiegeltrick,
ohne Pose.

Ich habe mich angeschaut,
als wäre ich eine fremde Freundin.
Mit Zärtlichkeit.
Mit Neugier.
Mit einem Hauch Vergebung.

Ich habe mich gemocht.
Nicht gefeiert.
Nicht idealisiert.
Nur gemocht.

Und das war der Anfang
von allem.

Der Anfang eines Friedens,
den ich nie in Lautstärke fand.

Einer Verbindung,
die nicht laut ruft,
dennoch bleibt.

Ich hörte auf,
mich zu überreden.
Ich begann,
mir zuzuhören.

Plötzlich war zu mir Nähe möglich.

Dann sah ich mich

Ich versteckte mich gut.
Hinter Lächeln,
das nicht echt war.
Hinter Rollen,
die sich sicher anfühlten.
Hinter Erwartungen,
die ich nie hinterfragt hatte.

So lange war ich das,
was funktioniert.
Was gebraucht wird.
Was leicht ist.

Bis ich irgendwann
nicht mehr konnte.
Und zum ersten Mal
nicht wegsah.

Ich stand da.
Vor mir.
Ohne Schutz.
Ohne Worte.
Nur ich.

Nicht geschmückt.
Nicht entschuldigt.
Nicht reduziert.

Ich sah mich.
Und blieb.

Das war neu.
Nicht laut.
Nicht klar.
Aber echt.
Und nah.

So nah,
dass es fast weh tat.
Und gleichzeitig
endlich gut war.

Zuviel geworden

Ich versuchte lange weniger zu sein.
Leiser. Angepasster. Richtiger.

Ich strich mein Individuum,
ich lies Eigenschaften weg
und ich bremste mich
in meinem Dasein.

Ich faltete mich zusammen,
bis ich in ein Bild passte,
das nie meines war.

Aber in mir wuchs etwas.
Nicht laut.
Nicht wütend.
Nur ehrlich.

Ich bin nicht zu viel.
Ich bin zu lange weniger gewesen
als ich eigentlich bin.

Unverstellt

Es gibt eine Wahrheit in mir,
die sich nicht erklären lässt.
Sie hat keine Form,
keine Rolle,
keinen Namen.

Sie sitzt still.
Wartet nicht.
Beeilt sich nicht.
Sie ist einfach da
und auch immer gewesen.

Ich versteckte sie
hinter Leistung,
hinter dem „Nett sein",
hinter dem, was leicht zu mögen ist.

Und doch war sie da.
Unverstellt.
Ganz.
Unabhängig davon,
ob ich sie zeige.

REFLEXIONSRUNDE

Die Wahrheit im Innen

Selbstbegegnung

* Wer bin ich, wenn niemand etwas von mir erwartet?

* Welche Rollen spiele ich freiwillig, welche aus Angst?

* Wann habe ich das Gefühl, „ganz bei mir" zu sein?

* Welche Anteile in mir verdränge ich und warum?

* Wie fühlt es sich an, wenn ich mir selbst gegenüber ehrlich bin?

Schatten & Emotionen

* Welche Gefühle gestehe ich mir nicht zu?

* Wie gehe ich mit innerem Schmerz um
  - Flucht oder Kontakt?

* Gibt es ungeliebte Seiten an mir,
  die eigentlich nur gesehen werden wollen?

* In welchen Momenten zeigt sich meine
  „dunkle" Seite und was will sie sagen?

* Wie würde ich mit meinem Schattenkind
  sprechen, wenn es vor mir säße?

Innere Wahrheit

* Welche Wahrheit über mich vermeide ich
  schon lange?

* Was in mir verlangt nach Anerkennung
  - auch wenn es unbequem ist?

* Wann sprach ich zuletzt meine Wahrheit aus?
  War es laut oder leise für mich?

* Wie fühlt sich Aufrichtigkeit in meinem
  Körper an?

* Was macht mich wahrhaftig,
  auch hinter meinen Geschichten?

Notizen / Gedanken

ÜBUNGEN

Die Wahrheit im Innen

Spiegelblick & Seelenbrief

Teil 1 - Der Spiegelblick:

Stell dich heute für 3 Minuten vor den Spiegel.

Kein Make-up.

Kein Fokus auf „Schönheit".

Nur du.

Schau dir in die Augen.

Erlaube dir, zu sehen und gesehen zu werden.

Vielleicht sagst du leise:

„Ich sehe dich."

Teil 2 - Der Seelenbrief:

Nimm ein leeres Blatt.

Schreib einen Brief an dich selbst.

Nicht als „die Erwachsene", sondern als

Begleiter*in deiner inneren Wahrheit.

Schreib, was du ihr schon lange sagen wolltest.

Lies ihn laut. Fühle jedes Wort.

Und bewahre ihn wie einen Schatz.

Der innere Name

Frag dich: Wie würde ich mich nennen,
wenn ich nicht *[dein Name]* hieße?

Welcher Klang, welches Wort entsteht in mir -
sanft, ehrlich, intuitiv?

Schreib ihn oder es auf.
Und frag dich:

**Was sagt dieser Name über mein wahres Wesen
aus?**

DIE DUNKELHEIT UMARMEN - IM STURM DER GEFÜHLE

„Vielleicht ist es nicht die Dunkelheit, die mir Angst macht - sondern das, was sie mir über mich erzählt.“

- Marie Schlegel

Die Nacht in mir

Manchmal fühlt es sich an,
als wäre mein Inneres
ein Himmel
ohne Sterne.

Ich suche das Licht,
aber finde nur
meine eigenen Schatten.

Sie flüstern:
„Du siehst nur nichts,
weil du dich selbst nicht anschaust."

Wo der Schmerz wohnt

Ich habe Orte in mir
die ich meide.
Dunkle Räume,
in denen alte Stimmen
noch immer laut sind.

Ich möchte nicht hinsehen,
aber sie flackern trotzdem.

Wie alte Wunden,
auf die Staub gefallen ist,
aber keine Heilung.

Manchmal fühlt sich
das Hinsehen an
wie ein Messer ohne Griff.

Aber genau dort,
wo ich mich am meisten fürchte,
liegt die Wahrheit begraben.

Doch Wahrheit will nicht schön sein.
Nur echt.

Zerreißprobe

Ich will weinen,
aber ich kann nicht.

Ich will schreien,
aber ich schweige.

Ich bin ein Knoten
aus gegensätzlichen Gefühlen,
die sich gegenseitig ersticken.

Innere Kriege

In mir tobt
ein Krieg ohne Waffen.

Kein Feind,
nur viele Ichs,
die nicht wissen,
wer die Wahrheit sagt.

Angst gegen Mut.
Wut gegen Schuld.
Liebe gegen das,
was einmal verletzt hat.

Ich höre sie alle
und ich verstehe sie.
Aber ich weiß nicht,
welcher Stimme ich glauben darf.

Vielleicht allen.
Vielleicht keiner.
Vielleicht geht es nicht darum,
eine Antwort zu finden,
sondern auszuhalten,
dass es manchmal keine gibt.

Tiefer als der Boden

Es gibt Momente,
da reicht der Boden nicht.

Da falle ich tiefer
als die Tiefe selbst.

Doch ich breche nicht zusammen.
Ich falle in mich hinein.

Dunkel leuchten

Ich dachte, ich müsste das Dunkle vertreiben.
Doch es wollte nie gehen.

Also habe ich es eingeladen.
Habe ihm einen Platz angeboten,
mitten in meinem Chaos.

Es hat sich gesetzt.
Hat nichts gesagt.
Nur geschaut.

Und mit jedem Blick
wurde es weniger fremd.

Ich habe gelernt:
Dunkelheit hat keine Farbe.
Sie ist das,
was ich in ihr sehe.

Und manchmal
leuchtet gerade das,
was ich am meisten fürchte.

Ich fand Licht in etwas, das weh tat

Ich wollte wegsehen.
Immer.
Denn wer sieht,
fühlt.
Und ich hatte genug gefühlt.

Aber dann saß ich da -
im Innersten.
In der Stelle,
wo es dunkel und kalt war.

Und ich blieb.
Nicht weil ich stark war.
Sondern weil ich
nicht mehr rennen konnte.

Überraschenderweise passierte nichts.
Kein Drama.
Keine Lösung.
Nur ein Flackern von Licht.
Ganz leise,
wie ein Staubkorn
im Sonnenstrahl.

Und ich wusste:
Es war nicht das Licht,
das kam -
es war ich,
die zu sehen begann.

Ich bin nicht das Chaos

Die Gefühle in mir
sind wie das Wetter.

Stürmisch.
Laut.
Wechselhaft.
Aber nicht ich.

Ich bin nicht der Regen.
Ich bin der Himmel,
durch den er zieht.

Heilung durch Hinsehen

Ich lernte,
dass Heilung
nicht das Ende von Schmerz ist.

Sondern der Moment,
in dem ich mich traue,
ihn zu fühlen.

Nicht oberflächlich.
Nicht für den Schein.
Sondern bis tief in die Knochen.

Ich schaute hin.
Nicht weg.

Ich benannte die Dunkelheit,
und schlagartig
hatte sie weniger Macht.

Heilung beginnt nicht
mit dem Weglaufen.

Sie beginnt,
wenn ich mich traue und bleibe.

Kein Licht nötig

Ich dachte immer,
ich müsste das Dunkle vertreiben.
Mit Erkenntnis.
Mit Erklärung.
Mit irgendeinem Licht.

Aber manche Räume
wollen nicht beleuchtet werden.
Sie wollen gefühlt werden.

Es war nicht hell,
als ich mich zu mir setzte.
Es war still, eng und echt.

Doch es fehlte
nichts.

Bruchstück

Ich bin nicht zerbrochen.
Aber ich bin auch nicht
ganz heil geblieben.

Ein Teil in mir
trägt Risse.
Nicht sichtbar.
Aber spürbar.

Und ich habe lange versucht,
sie zu kitten.
Zu füllen.
Zu ignorieren.

Jetzt sehe ich sie.
Nicht als Schwäche.
Nicht als Störung.

Sondern als das,
was mich erinnert,
dass ich gelebt habe.

Ich habe nicht verloren

Es hat wehgetan.
Nicht nur ein bisschen.
Nicht kurz.
Nicht logisch.

Und es wurde nicht besser,
weil ich es schöngeredet habe.
Oder weil ich dachte,
es müsste einen Sinn ergeben.

Ich blieb sitzen.
Mitten drin.
Nicht stark.
Nur da.

Und nein -
ich habe nicht gewonnen.
Aber ich habe auch nicht verloren.
Ich habe mich
nicht verlassen.

Und das
war vielleicht
der Neubeginn.

Es tobt in mir

Es gibt Tage,
da ist alles laut in mir.
Ungeordnet.
Unfertig.
Viel.

Ich will still sein
und bin es nicht.
Ich will stark sein
und falle.

Doch manchmal
ist genau das
Teil meines Weges.
Nicht als Schwäche,
nicht als Rückschritt,
sondern als Impuls.

Ich fühle.
Das reicht.
Auch wenn es stürmt.

REFLEXIONSRUNDE

Mit der Dunkelheit sprechen lernen

Schatten & Emotionen

* Welche Teile in mir versuche ich zu vermeiden?

* Wann spüre ich meine Angst am deutlichsten - und was sagt sie mir?

* Welche Gefühle dürfen bei mir noch nicht da sein?

* Was passiert, wenn ich, statt zu fliehen stehen bleibe?

* Welche Art von Dunkelheit in mir trage ich schon länger als gedacht?

Innere Konflikte & Vielstimmigkeit

* Welche Stimmen in mir widersprechen sich gerade?

* Welche Seite in mir wird zu oft übertönt?

* Was geschieht, wenn ich alle Anteile einmal bewusst anhöre?

* Kann ich mir erlauben, ohne Antwort zu sein?

* Wie sieht mein innerer Dialog aus, wenn ich mitfühlend bin?

Hinsehen statt Flucht

* Wann habe ich zuletzt wirklich hingeschaut?

* Welche Angst hat sich kleiner angefühlt, nachdem ich sie erkannt habe?

* Welche „innere Wahrheit" habe ich bisher vermieden?

* Wie verändert sich Schmerz, wenn ich ihn anerkenne?

* Was möchte ich in mir willkommen heißen - obwohl es unbequem ist?

Notizen / Gedanken

ÜBUNGEN

Mit der Dunkelheit sprechen lernen

Dunkelraum schreiben

Finde heute einen Moment der Ruhe.
Nimm ein Blatt Papier und einen Stift.
Schreibe einen Brief an das, was du fürchtest.

Nicht an eine Person.
Sondern an das Dunkle in dir.

Sprich es an. Gib ihm einen Namen.
Frag es, warum es da ist.
Und höre ihm zu.

Lies den Brief laut.
Und bewahre ihn auf.
Nicht als Mahnung.
Sondern als Zeichen:
Dass du bereit bist,
die Dunkelheit nicht mehr auszuschließen,
sondern zu erkennen.

Sei mit dir selbst eins.

Der leere Stuhl

Stell dir vor, dein Schmerz sitzt dir gegenüber.
Was würde er sagen, wenn du ihn sprechen lässt?
Und was würdest du ihm antworten?

Lass es ein Gespräch auf Papier werden.

DIE KRAFT DER STILLE - IM EINKLANG MIT MIR SELBST

„In der Stille höre ich mich selbst
- nicht laut, nicht drängend, sondern klar
wie ein Tropfen Licht im Morgengrau."

- Marie Schlegel

Zwischen zwei Atemzügen

Zwischen zwei Atemzügen
liegt ein ganzes Leben.

Ich habe es nie bemerkt,
bis ich still genug wurde,
um es zu fühlen.

Wenn die Welt leise wird

Manchmal
braucht es nur
den Klang eines Regentropfens
auf dem Fensterbrett,
damit ich begreife:
Ich bin noch da.

Nicht in der Eile.
Nicht im Müssen.
Nicht im Lärm der Außenwelt.

Ich bin da,
wenn die Welt
leise wird.
Umgehend reicht es,
nur zu atmen.

Ich brauche keine Antworten,
nur einen Moment,
in dem keine Frage
mehr schreit.

Wald in mir

Ich trage einen Wald in mir.
Still, tief und heil.

Dort rauscht nichts,
außer meinen Gedanken,
wenn sie langsam
zurück in den Boden sinken.

Das leise JA

Ich habe gelernt,
Nein zu sagen.

Zu Lärm.
Zu Erwartungen.
Zu Rollen,
die mich zu laut machten
für mich selbst.

Doch in der Stille
lernte ich ein anderes Wort:
Ja.

Ein leises Ja
zum Jetzt.
Zum Nichts.
Zum Sein.

Ein Ja,
das nichts will,
aber alles trägt.

Ein Ja,
das sich wie Weite anfühlt,
ohne sich erklären zu müssen.

Kein Beweis

Ich muss nichts mehr leisten,
um Dasein zu verdienen.

Ich darf sein,
auch wenn ich heute
nichts tue
außer lauschen.

Auch das ist Leben.
Auch das bin ich.

Innenraum

Ich hörte auf,
meinen Frieden im Außen zu suchen.
Zwischen Stimmen.
Zwischen Nachrichten.
Zwischen Erwartungen.

Stattdessen sitze ich in mir.
Still.
Wortlos.
Wach.

Und plötzlich
finde ich Räume,
die kein Lärm je füllen kann.
Räume,
die nach mir riechen.
Nach Weite.
Nach Erinnerung.

Ich bin nicht allein.
Ich bin bei mir.
Ich bin angekommen und genug.

Da ist nichts - und das ist gut

Ich weiß gerade nichts.
Das ist sehr ungewohnt.

Keine Antworten.
Keine klare Richtung.
Kein „So geht es jetzt weiter".

Nur ein Raum.
Leer.
Ohne Etikett.

Früher hätte ich ihn gefüllt.
Mit Gedanken.
Mit Aktivität.
Mit Plänen.

Jetzt lasse ich ihn leer.
Weil ich spüre:
Leere ist kein Mangel.
Sie ist der Anfang
von etwas,
das noch keinen Namen hat.

Nur ein Blatt

Ein Blatt fällt.
Ganz leise.
Kein Applaus.
Kein Aufsehen.

Nur Schwerkraft
und Hingabe.

So will ich loslassen.
So will ich leben.

Ich höre mich

Es war nicht einfach,
die Stille zuzulassen.

Sie war zuerst bedrohlich.
Wie ein Spiegel ohne Filter.
Wie ein Raum ohne Fluchtweg.

Aber mit der Zeit
wurde sie weich.

Wie ein Mantel,
der mich nicht verhüllt,
sondern schützt.

Ich höre mich.
Nicht laut.
Nicht ständig.
Aber klar.

Manchmal genügt das allein,
um mich wiederzufinden
in dieser Welt.

Nichts sagen müssen

Ich saß da.
Niemand wollte etwas von mir.
Nicht mal ich.

Keine Antwort.
Kein Satz.
Kein Gedanke,
der mich klüger wirken lässt.

Nur ich,
zwischen zwei Atemzügen.
Es war genug,
nicht zu sprechen.

Manchmal ist das Mut:
nicht zu sagen, was du fühlst,
sondern es still zu lassen.
Ganz.
Einfach.

Weil es still war

Ich dachte,
ich müsste mir zuhören,
um mich zu verstehen.

Aber als ich aufhörte,
mich zu deuten,
mich zu fragen,
mich zu formen,
da verstand ich
gar nichts mehr.

Genau das
war das Wunderbare.

Weil es still war.
Weil ich nicht mehr
wissen musste.

Nur sein.

Nichts hat gedrängt

Ich lag da,
ohne Ziel.
Ohne To-do.
Ohne irgendwas.

Zuerst war es leer.
Fast unangenehm.
Wie das Warten
auf ein Geräusch.

Doch es kam
kein Impuls,
keine Stimme
und kein Druck.

Das war neu.
Weil ich merkte:
Ich muss nicht funktionieren,
um da zu sein.

Ich war nur.
Nichts hat gedrängt.
Nichts fehlte mehr.

REFLEXIONSRUNDE

Die Sprache der Stille

Achtsamkeit im Jetzt

* In welchen Momenten vergesse ich zu atmen
  - bewusst und tief?

* Welche kleinen Dinge im Alltag übersehe ich
  - obwohl sie mich nähren könnten?

* Wann habe ich zuletzt bewusst
  „nichts getan" und wie fühlte sich das an?

* Welche Geräusche (innen oder außen)
  bestimmen meinen Tag?

* Wie oft bin ich im Moment,
  ohne ihn verändern zu wollen?

Der innere Rückzugsort

* Habe ich einen inneren Ort,
  an den ich mich zurückziehen kann?

* Wie sieht er aus, fühlt er sich an, klingt er?

* Was hindert mich, diesen Ort öfter zu
  betreten?

* Wie viel Raum nehme ich mir selbst
  ohne Schuldgefühl?

* Was braucht mein innerer Raum,
  um sich sicher anzufühlen?

Loslassen im Kleinen

* Was versuche ich festzuhalten,
  obwohl es mich beschwert?

* Wie würde sich mein Tag anfühlen,
  wenn ich nichts „müsste"?

* Welche Gewohnheiten oder Gedanken könnte
  ich loslassen - einfach heute, nur kurz?

* Was passiert in mir, wenn ich mir erlaube,
  einfach nur *zu sein*?

* Wie klingt mein innerer Frieden,
  wenn ich ihn nicht zwinge, laut zu sein?

Notizen / Gedanken

ÜBUNGEN

Die Sprache der Stille

Geräuschloses Gehen

Geh 5 Minuten barfuß - ohne Musik, ohne Ziel.

Spüre den Boden.

Denk: **„Ich höre mir selbst zu."**

Mehr nicht. Nur Schritte. Nur Stille.

Der Klang der Stille

Wähle einen Moment am Tag - nur 5 Minuten.
Kein Handy, kein Gespräch, keine Musik.
Setze dich still hin - am Fenster, im Garten, auf
dem Boden.

Atme.

Lausche nicht aktiv, sondern lass die Geräusche
zu dir kommen.
Vielleicht hörst du nichts. Vielleicht alles.
Es geht nicht darum, zu *tun*.
Nur darum, zu *lauschen*.

Und wenn du magst, schreibe danach einen Satz:
„Heute habe ich gehört..."
Lass dich überraschen, was kommt.

DIE REISE DER SELBSTLIEBE
- ICH NEHME MICH AN

„Ich habe lange auf jemanden gewartet,
der mich bedingungslos liebt - bis ich
erkannte, dass ich selbst gemeint war."

- Marie Schlegel

Erste Berührung

Ich habe mich jahrelang
aus sicherer Entfernung betrachtet.
Wie ein Gemälde
hinter Glas.

Bewertet.
Zweifelnd.
Distanzierend.

Heute berührte mich etwas in mir
nicht durch die Hand,
sondern durch einen Blick,
zart genug,
um mich zu halten.

Ich bin nicht zu viel

Ich wurde oft als zu viel empfunden.
Zu laut.
Zu sensibel.
Zu kompliziert.

Also wurde ich leise.
Klein.
Gefällig.

Bis ich bemerkte:
Ich bin nicht zu viel.
Ich bin genau so viel,
wie ich bin.

Ich bin eine Welt
mit eigenen Meeren,
eigenen Jahreszeiten,
und einem Herz,
das in seiner Tiefe
niemandem Rechenschaft schuldet.

Selbstfreundschaft

Ich will keine Feindin mehr sein.
Nicht für mich.
Nicht im Innern.

Ich will lernen,
meine eigene Freundin zu sein.
Jemand, der bleibt,
wenn alle gehen.

Nicht mehr gegen mich

Ich bin nicht perfekt.
Ich bin nicht immer leicht.
Ich bin nicht immer
sanft mit mir.

Aber ich höre auf,
gegen mich zu sein.

Ich prüfe nicht mehr ständig,
ob ich richtig bin.
Ich bewerte nicht,
ob das, was ich fühle,
besser klingen müsste.

Ich sitze mit mir.
So, wie ich heute bin.
Dies ist kein Kompromiss.
Sondern Frieden.

So, wie ich bleibe

Ich muss mich nicht ändern,
um mich halten zu dürfen.

Ich darf bleiben,
wenn ich schwanke.
Ich darf bleiben,
wenn ich laut denke
und leise fühle.
Ich darf bleiben,
wenn ich zweifle,
wenn ich nichts verstehe,
wenn ich zu viel spüre.
Ich darf bleiben,
wenn ich müde bin
vom eigenen Tempo.
Ich darf bleiben,
auch wenn ich
keine Richtung habe.
Keine Haltung.
Keine Antwort.

Ich bin niemandem etwas schuldig,
wenn ich mit mir bleibe.
Auch mir nicht.

Die sanfte Stimme

Früher hörte ich in mir
nur Kälte.
Nur Kritik.
Nur Forderungen.

Heute gibt es da
eine sanfte Stimme.
Noch leise.
Noch vorsichtig.
Aber sie spricht.

Sie sagt Dinge wie:
„Du darfst traurig sein."
„Du bist gut genug."
„Ich bin hier."

Und ich glaube:
Es ist meine eigene Stimme,
die ich endlich nicht mehr
zum Schweigen bringe.

Der Körper, der bleibt

Ich habe meinem Körper
so lange misstraut.
Gezweifelt.
Verglichen.
Verurteilt.

Und doch:
Er blieb.

Er atmete,
wenn ich es vergaß.
Er trug mich,
wenn ich nicht mehr konnte.

Vielleicht ist das Liebe.
Ganz still.
Ganz treu.
Ganz in mir.

Ich bin Heimat

Ich suchte oft
nach einem Ort,
an dem ich sein darf,
wie ich bin.

Ein Zuhause im Außen,
das mich nicht verbiegt.

Doch ich habe vergessen,
dass ich selbst
dieses Zuhause sein kann.

Ich bin nicht nur Haut und Herz.
Ich bin ein Ort.

Ich kann mich selbst
umarmen,
trösten
und annehmen.

Ich kann mein eigenes Zuhause sein.
Mit Fensterblick und offener Tür.
Mit Weite und Wärme.

Kleine Schritte

Selbstliebe ist kein Feuerwerk.
Sie ist ein warmer Tee,
wenn ich mich erschöpft fühle.

Ein sanftes Nein.
Ein zärtliches Ja.
Ein Moment der Geduld,
wenn ich wieder falle
und mein eigenes Schutznetz bin.

Ich liebe mich nicht immer
- aber immer wieder

Ich liebe mich nicht jeden Tag.
Nicht in jedem Spiegel.
Nicht in jeder Geste.

Aber ich liebe mich immer wieder.

Immer dann,
wenn ich mich nicht verurteile.
Wenn ich mir zuhöre.
Wenn ich mich nicht aufgebe,
obwohl ich es könnte.

Liebe ist kein Dauerzustand.
Sie ist ein Versprechen.
Immer neu.
Immer wieder.

Und ich halte es.
Für mich.
Mit mir.
In mir.

Ich liebe mich auch, wenn ich *Nein* sage

Ich dachte, Liebe sei weich.
Immer.
Ein Ja.
Ein Verzeihen.
Ein Dasein.

Aber ich lernte:
Liebe ist auch Grenze.
Ein Stopp.
Ein *„Nicht mehr"*.
Ein *„Das tut mir nicht gut"*.

Ich sage Nein.
Nicht aus Trotz,
aus Respekt mir gegenüber.
Aus Achtung.
Für mich.

Es fühlt sich nicht hart an,
sondern ehrlich, ruhig und frei.

Ich muss nicht gefallen

Ich muss nicht schön klingen.
Nicht funktionieren.
Nicht weich sein,
wenn es hart in mir ist.

Ich darf da sein.
Auch wenn ich nicht leuchte.
Auch wenn ich nicht glänze.
Auch wenn ich
einfach
nur
bin.

Ich bleibe, wenn es schwer wird

Früher war ich oft gegangen.
Von mir.
Von meinem Spiegelbild.
Von dem Teil in mir,
der traurig war,
wütend oder leer.

Ich habe mich verlassen,
wenn ich nicht „liebenswert" war.
Wenn meine Gedanken hässlich klangen.
Wenn ich geweint habe,
ohne Grund,
ohne Maß,
ohne Filter.

Heute bleibe ich.
Nicht weil es leicht ist.
Sondern weil ich verstanden habe:

Liebe ist nicht das,
was mich schön macht.
Sie ist das,
was mich hält,
wenn ich hässlich bin
für mich selbst.

Ich bleibe.
Auch wenn es schwer ist.
Gerade dann.

REFLEXIONSRUNDE

Sanft mit mir sein

Selbstfreundschaft & Nähe

* Was würde ich meiner besten Freundin sagen,
  wenn sie wäre wie ich?

* Wie spreche ich innerlich mit mir
  und wie oft ist es wirklich liebevoll?

* In welchen Momenten bleibe ich nicht bei mir,
  obwohl ich es könnte?

* Wie fühlt sich innere Nähe an ganz ohne
  Bedingung?

* Was heißt für mich: „Ich bin für mich da"?

Körper & Mitgefühl

* Was denke ich über meinen Körper,
  wenn niemand hinsieht?

* Welche Körperteile verdienen mehr
  Zärtlichkeit und keine Optimierung?

* Wie oft danke ich meinem Körper dafür,
  dass er mich trägt?

* In welchen Momenten spüre ich mich selbst
  körperlich - als wohltuend?

* Was würde sich ändern, wenn ich meinem
  Körper wirklich zuhören würde?

Selbstannahme im Alltag

* Wann war ich das letzte Mal wirklich stolz auf mich - ohne Rechtfertigung?

* In welchen Alltagssituationen kann ich mich sanfter behandeln?

* Welche kleinen Dinge zeigen mir:
  Ich kümmere mich um mich?

* Welche alten Glaubenssätze hindern mich, mich selbst zu lieben?

* Welche Form von Liebe möchte ich mir selbst heute schenken?

Notizen / Gedanken

ÜBUNGEN

Sanft mit mir sein

Zärtlich mit mir

Heute schreibst du dir selbst einen Zettel -
nicht mit To-dos,
sondern mit Worten der Zärtlichkeit.

Nimm einen kleinen Zettel oder ein Stück Papier.
Schreib dir etwas, das du gerne hören würdest:
„Ich sehe dich.",
„Du darfst müde sein.",
„Ich liebe, wie du atmest."

Dann steck ihn in deine Tasche.
Oder unter dein Kopfkissen.
Oder an den Spiegel.

Lies ihn dir laut vor.
Einmal am Morgen, einmal am Abend
und einmal, wenn du es am meisten brauchst.

Der liebevolle Satz

Formuliere heute **einen einzigen Satz**, den du
deinem inneren Kind schenken würdest.

Z. B.: „Du darfst sein."

Schreib ihn auf - schön, von Hand
und leg ihn unter dein Kopfkissen.

DIE ERKENNTNIS - ALLES IST BEREITS IN MIR

„Ich habe gesucht, gerungen, gefragt.
Am Ende entdeckte ich:
Alles, was ich je brauchte,
wartete längst in mir."

- Marie Schlegel

Der leise Moment der Wahrheit

Die größten Erkenntnisse
kommen nicht mit Blitz und Donner.

Sie schleichen sich heran
zwischen zwei Atemzügen,
während ich den Abwasch mache
oder mich frage,
warum ich schlagartig weinen muss.

Und dann ist sie da,
die leise Wahrheit:
Ich bin vollständig.

Die Suche war ein Kreis

Ich bin gerannt.
In Gedanken, in Büchern,
in andere Menschen hinein.

Ich dachte,
irgendwo da draußen
liegt die Antwort,
die mich endlich heilt.

Doch jeder Schritt
führte mich
nur zurück
zu mir.

Kreise,
Spiralen,
und Umwege,
sie alle zeigten mir:

Ich war nie wirklich verloren.
Nur unterwegs
zu mir selbst.

Innere Weisheit

Es gibt in mir
eine Stimme,
die nicht spricht.

Sie zeigt sich
als Gänsehaut,
als Stille,
als Ahnung.

Ich habe gelernt,
ihr zuzuhören.
Denn sie war nie laut,
aber immer wahr.

Das stille Erkennen

Ich erkannte mich.
Nicht im Spiegel.
Nicht im Urteil.
Nicht im Lob.

Ich erkannte mich
im Alleinsein,
im Fallen,
im stillen Durchhalten.

Ich erkannte mich
in dem Moment,
in dem ich niemand sein musste.

Nur ich.
Genug.
Jetzt.

Und dieses Erkennen
war nicht spektakulär.
Es war sanft, ruhig und still.
Wie ein Licht,
das sich nicht mehr verstecken will.

Ich wollte es nicht wissen

Manche Wahrheiten
kommen nicht als Geschenk,
vielmehr als Risse.

Ich habe mich gewehrt.
Nicht weil es falsch war.
Sondern weil ich wusste:
Wenn ich es sehe,
kann ich es nicht mehr
nicht wissen.

Und doch kam es.
Tropfenweise.
Leise.
Unerbittlich.

Ich ließ es zu.
Nicht weil ich bereit war.
Sondern weil ich müde war,
es zu vermeiden.

Jetzt ist es da.
Kein Drama.
Nur Klarheit.
Schlicht.
Still.
Wahr.

Zwischen zwei Gedanken

Ich höre mich wieder.
Nicht weil es laut wurde in mir.
Weil ich endlich zuhörte.

Ich habe nicht gesucht,
ich habe gelauscht.
Nicht gefragt,
ich habe gewartet.
Und irgendwann,
zwischen zwei Gedanken,
sprach etwas in mir.
Nicht mit Worten,
nur mit einem
stillen Wissen.

Ich wusste nicht mehr,
ich erinnerte nur.
Mehr brauchte es nicht.

Kein Werden mehr

Ich habe so lange versucht,
jemand zu werden.

Besser. Weiter. Klarer & Stärker.

Aber wer ständig wird,
vergisst zu sein.

Ich bin.
Und das ist nicht gerade wenig.

Alles ist in mir

Alles, was ich suchte,
war bereits in mir:

Die Ruhe.
Der Mut.
Die Sanftheit.
Das Licht.
Die Liebe.

Ich habe es nur
lange nicht gesehen,
weil ich dachte,
es müsste größer sein.

Aber das Wahre
ist oft unscheinbar.
Es flüstert,
statt zu rufen.

Und doch:
Es bleibt.
Es trägt.
Es heilt.

Kein Guru, keine Antwort

Ich habe aufgehört,
nach dem einen Menschen zu suchen,
der mir alles erklärt.

Ich bin meine eigene Lehrerin geworden.
Weil ich spüre,
dass Weisheit nicht imponiert,
sie begleitet.

Nicht von oben,
sondern von innen.

Ich bin geworden, was ich bin

Ich bin nicht mehr auf der Suche.
Nicht, weil ich alles weiß,
sondern weil ich
nicht mehr weglaufe.
Ich bleibe.

Ich bin nicht fertig.
Aber ich bin da.
Das genügt.

Ich bin geworden,
was ich bin:
Ein Mensch,
der sich selbst
nicht mehr verlässt.

Nicht neu

Was ich verstanden habe,
war nicht neu.
Es war nicht spektakulär.
Nicht laut.

Es war wie ein Satz,
den ich tausend Mal hörte
und prompt nicht mehr überhörte.

Es war in mir.
Die ganze Zeit.
Nur eben zu leise
für den Lärm
in meinem Kopf.

Ich musste nichts tun

Ich dachte,
ich müsste mich finden.
Mich formen.
Mich retten.

Aber ich war da.
Die ganze Zeit.
Nur verhüllt von allem,
was ich dachte,
denken zu müssen.

Als ich aufhörte,
mir etwas abzuverlangen,
kam ich an.
Nicht irgendwo.
In mir.

Ohne Ziel.
Ohne Beweis.
Ohne Kraftaufwand.
Ich musste nichts tun.
Ich war einfach.

REFLEXIONSRUNDE

Die Weisheit in mir

Innere Wahrheit & Erkenntnis

* Welche Erkenntnis hat mein Leben leise
  verändert?

* Was wusste ich schon immer,
  aber habe es nie ausgesprochen?

* Wo habe ich Klarheit gewonnen,
  obwohl ich noch mitten im Chaos war?

* Welche Stimme in mir fühlt sich „wahr" an,
  auch ohne Beweis?

* Wann habe ich mir selbst am meisten vertraut?

Die Suche & das Finden

* Wonach suche ich noch und warum?

* Habe ich mich selbst jemals als „genug"
empfunden?

* Welche äußeren Antworten lenken mich von
meinen inneren ab?

* In welchen Momenten fühle ich:
Ich bin angekommen?

* Was bedeutet es für mich, *mich selbst zu finden*?

Selbst-Erkenntnis & Selbstsein

* Was erkenne ich gerade neu an mir?

* Wie fühlt es sich an, nicht mehr werden zu müssen?

* Welche alten Erwartungen an mich kann ich heute loslassen?

* Was ist mein eigener, innerer Wegweiser?

* Was bin ich jenseits von Rollen, Masken und Erwartungen?

Notizen / Gedanken

ÜBUNGEN

Die Weisheit in mir

Innenkompass schreiben

Heute brauchst du nur dich.
Nimm ein Blatt Papier
und schreibe dir selbst eine Liste:

„Was ich in mir trage."

Kein „Ich wünsche mir..."
Sondern:
Ich trage Ruhe.
Ich trage Mut.
Ich trage Fragen.
Ich trage Licht.
Ich trage Liebe.

Lass dich schreiben.
Schreib, bis du spürst:
Da ist etwas in mir,
das ich nie mehr verlieren kann.

Bewahre diesen Zettel als inneren Kompass.
Als Erinnerung an deine eigene Tiefe.

Dein innerer Satz

Wenn dein Innerstes ein einziger Satz wäre,
was würde er sagen?

Lass ihn kommen.
Nicht denken,
sondern empfangen.
Schreib ihn auf.
Nur diesen einen Satz.

FLIEGEN OHNE FESSELN - BEFREIUNG UND FRIEDEN

„*Ich habe gelernt, loszulassen*
- nicht um weniger zu sein,
sondern um leichter zu fliegen.“

- *Marie Schlegel*

Festgehalten

Ich hielt alles fest
aus Angst, es zu verlieren.

Menschen.
Erinnerungen.
Gedanken.
Sogar Schmerzen.

Bis ich begriff:
Nicht alles,
was ich halte,
hält auch mich.

Wie der Wind es vormacht

Der Wind klammert sich nicht
an das, was er streift.

Er weht.
Er berührt.
Er zieht weiter.
Er lässt zurück,
was nicht zu ihm gehört.

Ich versuchte lange,
die Dinge festzuhalten,
damit sie bleiben.
Damit ich nicht wieder verliere.
Damit es sicher ist.

Aber Sicherheit
ist kein fester Griff.
Sicherheit ist das Vertrauen,
dass auch Leere
ein Raum sein kann.

Ich will der Wind sein.
Nicht, um zu entkommen,
sondern um endlich
weiterzuziehen.

Abschied ohne Drama

Loslassen heißt nicht,
die Tür zuzuschlagen.

Manchmal
ist es nur ein leiser Blick
nach hinten
und ein sanftes Nicken
nach vorn.

Die Hände öffnen sich von selbst

Ich dachte immer,
ich müsste aktiv loslassen,
mit Kraft, mit Disziplin
und mit klarem Schnitt.

Aber meine Hände
öffneten sich irgendwann von selbst.
Bereit war ich nie,
nur erschöpft vom Greifen nach dem,
was längst gegangen ist.

Loslassen ist oft kein Akt.
Es ist ein Zustand.
Ein stilles Nicht-mehr-Kämpfen.
Ein Einsehen.
Ein Aufatmen.

Schlagartig liegt nichts mehr in der Hand,
aber so viel mehr im Herzen.

Die leere Stelle

Wenn etwas geht,
bleibt erst einmal
eine Leerstelle zurück.

Ich habe gelernt,
sie nicht sofort zu füllen.

Manche Leere
will betrauert werden.
Manche
will einfach nur Raum haben,
um neu zu werden.

Das leise Gewicht der Erinnerung

Ich habe vieles losgelassen
und doch,
manches bleibt.

Nicht als Schmerz.
Nicht als Kette.
Sondern als stilles Gewicht
in meiner Erinnerung.

Es drückt nicht.
Es zieht nicht.
Es ist nur da,
wie ein alter Brief
in einer vergilbten Schublade.

Loslassen heißt nicht vergessen.
Es heißt nur:
Ich trage es nicht mehr
auf meinen Schultern,
sondern in meinem Innersten -
wie ein Lied,
das nicht mehr traurig klingt.
Es klingt weise.

Kontrollverlust

Manchmal glaube ich,
ich müsste alles lenken.
Planen.
Vorsorgen.
Verhindern.

Aber das Leben
ist nicht dafür gemacht,
von mir geführt zu werden.

Es ist ein Tanz,
kein Marsch.
Ich lerne gerade,
den Takt zu hören,
statt nur den Schritt
zu setzen.

Ich habe mich verabschiedet - ohne Lärm

Es war kein großes Loslassen.
Kein Ritual.
Kein symbolischer Akt.

Nur ein langsames
Zurücklehnen.
Ein Erkennen:
Das war's.

Nicht aus Wut.
Nicht aus Schmerz.
Einfach, weil es vorbei war.

Ich habe nicht gehasst.
Ich habe nicht geheilt.
Ich habe nur verstanden,
dass Frieden nicht bedeutet,
dass alles gut war.

Denn ich kann mich lösen,
ganz ohne Schuld.

Ich lasse los, weil ich bleibe

Ich habe mich selbst
am stärksten gehalten.
Festgebunden
an alte Geschichten,
an alte Ichs,
an Schuld und an Wenns.

Heute mache ich mich los.
Nicht, weil ich fliehen will.
Weil ich diesmal endlich
bleiben will.

Bleiben bei mir.
Bleiben in meinem Jetzt.
Bleiben in einer Welt,
die nicht von Erinnerungen lebt,
sondern von Begegnung.

Loslassen ist
kein Abbruch -
es ist das Heimkommen
zu dem,
was ich längst bin.

Ich trage nur noch mich

Ich habe so vieles mitgetragen.
Alte Sätze.
Fremde Erwartungen.
Gedanken, die nicht meine waren.

Ich dachte,
das sei Stärke.
Durchhalten.
Aushalten.
Funktionieren.

Aber mein Rücken wurde schwer,
mein Herz stumpf
 und meine Stimme leise.

Heute weiß ich:
Freiheit ist nicht laut.
Sie wiegt einfach nichts.
Sie lässt mich atmen.
So, wie ich bin.

Ich habe nichts mehr dabei,
was nicht zu mir gehört.
Ich trage nur noch
mich.

Ich lasse nicht fallen

Ich lasse nicht fallen,
was ich loslasse.
Ich werfe nicht weg.
Ich verbanne nicht.

Ich lege nur ab,
was mir zu schwer wurde,
was nicht mehr passt,
was mir nicht mehr gehört.

Es war einmal Teil von mir.
Ich danke ihm.
Anschließend strecke
ich meine Hände aus
und bin wieder leer genug
zum Fliegen.

Leicht geworden

Ich habe so vieles getragen.
Worte,
die nicht meine waren.
Schuldgefühle,
die zu niemandem gehören.

Ich habe losgelassen,
nicht auf einmal.
In kleinen Stücken.
Schritt für Schritt.
Tag für Tag.

Jetzt bin ich
nicht unverwundbar.
Nur leicht geworden.
Das reicht vollkommen
um weiterzugehen.

REFLEXIONSRUNDE

Was darf gehen - was darf bleiben?

Kontrolle & Vertrauen

* Was versuche ich in meinem Leben zu
  kontrollieren und warum?

* Welche Angst liegt unter meinem Bedürfnis
  nach Kontrolle?

* Wie fühlt es sich an, wenn ich nicht alles
  wissen oder regeln muss?

* Was würde sich verändern,
  wenn ich Vertrauen statt Kontrolle übe?

* Gibt es einen Lebensbereich, in dem ich mich
  dem Leben mehr hingeben möchte?

Abschied & Veränderung

* Was fällt mir besonders schwer loszulassen und was hält mich daran?

* Welche Geschichten erzähle ich mir über das, was war?

* Wie gehe ich mit dem Gefühl der Leere um, wenn etwas gegangen ist?

* Wo war ein Abschied in meinem Leben ein Neubeginn - rückblickend?

* Was habe ich nicht verloren, sondern verwandelt?

Selbstbindung & innere Freiheit

* In welchen Gedanken oder Mustern halte ich
  mich selbst gefangen?

* Was würde passieren, wenn ich mir selbst
  verzeihe?

* Welche „alten Ichs" darf ich gehen lassen,
  um bei mir anzukommen?

* Was hält mich noch zurück,
  obwohl es mich längst nicht mehr schützt?

* Wie fühlt sich der Gedanke an,
  dass ich nicht mehr kämpfen muss?

Notizen / Gedanken

ÜBUNGEN

Was darf gehen - was darf bleiben?

Symbolisches Loslassen

Finde einen Zettel, ein Stück Papier.
Schreib darauf, was du loslassen möchtest:
Eine Person, ein Gedanke, ein Gefühl,
ein Glaubenssatz.
Etwas, das nicht mehr zu dir gehört,
aber noch an dir hängt.

Dann:
Zerreiße es.
Oder verbrenne es sicher (wenn möglich).
Oder falte es und lege es draußen unter einen
Stein.
Mach es bewusst.

Und sag leise:
„Ich danke dir. Du darfst gehen."

Spüre, was sich verändert.
Nicht im Außen,
sondern in dir.

Der Stein und der Wunsch

Halte einen Stein in der Hand.
Sprich deinen Wunsch oder Abschied hinein -
leise.
Leg ihn draußen ab.
Lass ihn dort und das,
was du mit ihm getragen hast.

DER KREIS SCHLIESST SICH

- DIE REISE ALS TEIL DES GANZEN

„Ich bin nicht am Ende - ich bin angekommen in einem Kreis, der mich nicht schließt, sondern weiterträgt."

- Marie Schlegel

Der Kreis

Ich dachte, die Reise
würde ein Ziel haben.
Ein klares Ende,
ein Ankommen.

Aber sie formte
einen Kreis.

In diesem Kreis
geht nichts verloren,
es wandelt sich nur.

Ich bin nicht mehr am Anfang.
Doch beginnt alles
immer wieder neu.

Verbunden mit allem

Ich sitze hier,
allein
und nicht allein.

Die Stille trägt Stimmen in sich,
die ich nicht kenne,
aber sie kennen mich.

Vielleicht sind wir alle
nur Funken
derselben Flamme.

Vielleicht bin ich nicht nur ich,
sondern ein Teil
von etwas Größerem,
das durch mich atmet,
liebt und heilt.

Ich bin kein abgeschlossener Raum.
Ich bin Durchgang.
Verbindung.
Teil eines Ganzen,
das mich hält.

Nichts war umsonst

All das,
was ich erlebt habe,
auch das Schwere
hat mich zu mir geführt.

Ich musste nichts davon
verstehen,
um daraus zu wachsen.

Manche Dinge
lehren nicht mit Worten,
sie lehren mit Wandlung.

Die Spirale in mir

Ich bewege mich nicht im Kreis,
weil ich stehe.

Ich bewege mich
in einer Spirale,
die mich tiefer führt.

Jede Runde bringt mich
näher zu mir,
tiefer in mein Herz,
weiter in meine Wahrheit.

Ich kehre zurück
und bin doch nicht dieselbe.

Ich wiederhole nicht.
Ich wachse.

Ich erkenne mich im Wandel

Ich erkenne mich wieder
in Momenten,
die früher fremd waren.

In der Zärtlichkeit,
die ich anderen schenke.

In der Geduld,
die ich mir selbst zugestehe.

Ich bin das Ergebnis
meiner gelebten Fragen.

Doch bin ich mehr
als jede Antwort.

Die Reise hört nie auf

Es gibt kein Ende.
Keine abschließende Zeile.
Kein letztes Kapitel.

Ich bin ein Buch,
das sich weiterschreibt,
jeden Tag.

Wenn ich glaube,
ich sei fertig öffnet sich
ein neuer Absatz.
Ein neuer Gedanke.
Ein neues Ich.

Die Reise hört nie auf.
Doch sie wird
immer friedlicher.

Ich bin Teil des Lebens

Ich bin nicht die Hauptfigur
in einem Drama.

Ich bin ein Teil
des Lebens selbst.

Ein Puls
in einem großen Rhythmus.

Ich bin ein Tropfen,
der ganz bleibt,
auch wenn ihn das Meer umgibt.

Heimkehr zu mir selbst

Ich bin zurück.
Nicht an einem Ort,
den man sehen kann.

In mir.
In diesem stillen Raum,
wo ich nicht mehr
werden muss.

Ich bin nicht perfekt.
Aber ganz.

Nicht fertig.
Aber vollständig.

Nicht der Ort,
den die Welt wählte.
Es ist der Ort,
an dem ich bei mir bleibe.

Ich gehe weiter - weil ich geblieben bin

Ankommen war nicht das Ende.
Nur ein Innehalten.
Ein Verstehen.
Ein tiefes Ja.

Ich bleibe nicht stehen.
Nicht aus Flucht.
Nicht aus Unruhe.

Sondern weil das Leben
immer weitergeht.
Nicht als Strecke.
Sondern als Kreis.
Als Spirale.
Als Tanz.

Ich tanze mit.
In meinem Tempo.
In meiner Sprache.
Mit allem,
was ich bin.

Ich werde nicht fertig - und das ist Frieden

Ich war so lange unterwegs,
um endlich
anzukommen.

Ich wollte das Ziel.
Das Ende.
Den Punkt.

Aber der Weg
hörte nicht auf.
Er veränderte sich.
Wurde stiller.
Sanfter.
Mehr ich.

Heute weiß ich:
Ich werde nicht fertig.
Und genau das
ist Frieden.

Ich bin nicht am Ende.
Ich bin da.
Und darin liegt
Ruhe.

Nicht neu, nur tiefer

Ich bin nicht jemand anderes geworden.
Ich bin nicht neu.
Ich bin nicht verändert
im lauten Sinn.

Ich bin
tiefer.

Ich laufe dieselben Wege,
aber ich höre anders.
Ich spreche seltener.
Ich frage stiller.
Ich weiß weniger
und fühle mehr.

Und vielleicht
war das alles,
was ich wollte.
Nicht neu.
Nur mehr
bei mir.

Ich gehöre mir zurück

Ich habe mich gesucht
an Orten,
wo ich mich vergessen habe.

Ich habe Stimmen gefragt,
die nie meine waren.
Ich habe mich vermessen,
verglichen und verloren.

Und jetzt?
Jetzt sitze ich hier.
Nicht weil ich alles weiß.
Nicht weil ich angekommen bin.
Sondern,
weil ich mir
zurückgehöre.

Nicht an einen Ort.
Nicht in ein Bild.
Nur zu mir.

REFLEXIONSRUNDE

Teil des Ganzen

Kreislauf & Wandlung

* Welche Erfahrungen haben sich erst im
  Rückblick als sinnvoll gezeigt?

* Wo erkenne ich, dass ich nicht am Anfang,
  aber auch nicht „fertig" bin?

* Wie fühlt es sich an, kein Ziel mehr
  festzuhalten, sondern den Weg zu gehen?

* Welche wiederkehrenden Themen zeigen mir:
  Ich bin in einer Spirale, nicht im Stillstand?

* Was bedeutet es für mich,
  in Bewegung zu sein - innerlich?

Verbundenheit & Zugehörigkeit

* Wann fühle ich mich verbunden mit mir,
  mit anderen, mit etwas Größerem?

* Welche Gedanken lassen mich kleiner wirken
  als ich bin?

* Welche inneren Bilder helfen mir,
  mich als Teil eines Ganzen zu erleben?

* Was bedeutet es für mich, „nicht allein"
  zu sein, auch im Alleinsein?

* In welchem Moment spürte ich zuletzt tiefe
  Zugehörigkeit?

Heimkehr zu mir selbst

* Was bedeutet für mich:
  Ich bin bei mir angekommen?

* Welche alten Anteile habe ich wieder
  aufgenommen?
  Nicht, um sie zu ändern, sondern um sie zu
  lieben.

* Was macht mein inneres Zuhause aus?

* Wie fühlt sich innere Vollständigkeit an
  ohne „Fertigsein"?

* Was darf bleiben, wenn alles andere geht?

Notizen / Gedanken

ÜBUNGEN

Teil des Ganzen

Ritual der Heimkehr

Nimm dir Zeit für ein kleines, stilles Ritual.
Lege die Hände auf dein Herz oder deinen Bauch.
Schließe die Augen.

Sprich leise - oder denke:
„Ich bin zurück. Ich bin bei mir. Ich bin genug."

Wiederhole es drei Mal.
Lass es in deinen Körper sinken.
Und dann bleib noch einen Moment.
Ohne Ziel.
Ohne Müssen.
Nur mit dir.

Willkommen zu Hause.

Ein Brief an dein zukünftiges Ich

Schreib dir selbst, als wärst du ein Jahr älter,
ein Stück weiter, ein wenig weiser.
Was möchtest du dir sagen?

Bewahre diesen Brief.
Lies ihn in einem Jahr.

„DU MUSST NICHT MEHR WERDEN. DU DARFST EINFACH SEIN."

- MARIE SCHLEGEL

NACHWORT

Danke,
dass du diese Reise mit mir gegangen bist.
Vielleicht bist du ihr gefolgt,
weil etwas in dir gerufen hat.
Vielleicht warst du mitten auf dem Weg,
oder hast ihn gerade erst entdeckt.
Vielleicht warst du müde,
verwirrt,
oder bereit.

Was auch immer dich hierhergeführt hat
- ich wünsche dir,
dass du dich selbst wiedergefunden hast.
In der Stille.
Im Wort.
Im Zwischenraum.

Dein innerer Frieden ist kostbar.
Lass ihn dir nicht nehmen.
Nicht von außen, nicht von alten Stimmen,
nicht von dir selbst.
Du bist nicht zu viel.
Nicht falsch.
Nicht noch unfertig.

Du bist da.
Das ist genug.

ÜBER DIE AUTORIN

Marie Schlegel (*1991 in Mönchengladbach) schreibt, seit sie schreiben kann und berührt mit ihren Worten jene, die auf der Suche sind nach dem, was echt ist: Gefühl, Tiefe und Stille.
Ihre Texte sind zart und kraftvoll zugleich, durchdringen das Oberflächliche und begegnen dem Inneren mit Weichheit.

Mit ihren Büchern öffnet sie Räume für Selbstbegegnung, stille Rückkehr und das mutige Erinnern daran, dass wir längst genug sind.

Nach ihren lyrischen Werken **„Gänseblümchenlügen"** (Februar 2022) und **„(ver)fühlt"** (Dezember 2022), in denen vor allem die Themen Liebe, Verlust und Gefühl in Verbindung mit anderen im Mittelpunkt standen, ist **„Zwischen mir"** ihr bisher persönlichstes Buch.
Es richtet den Blick nach innen.
Nicht mehr auf ein *du*, sondern auf das *eigene Sein*.
Auf das Spüren. Das Erinnern. Das Wiederfinden.

Des Weiteren ist Marie Schlegel Teil des Buches **„Lyrik Liebe"** welches im Februar 2024 im Maureski Verlag erschien.

Marie Schlegel lebt und schreibt in der Tiefe.
Ihre Texte veröffentlicht sie seit 2019 auf Instagram unter: **@marie_schlegel_**

HINWEIS

Die Inhalte dieses Buches dienen der persönlichen Inspiration, Selbstreflexion und emotionalen Auseinandersetzung.
Sie stellen keine psychologische, medizinische oder therapeutische Beratung dar und ersetzen keine fachliche Begleitung durch entsprechend ausgebildete Fachpersonen.
Die Anwendung aller Übungen und Impulse erfolgt in eigener Verantwortung.

Dieses Werk versteht sich nicht als Ratgeber, sondern als Einladung zur Selbstbegegnung.